Fakultätsvorträge
der Philologisch-Kulturwissenschaftlichen Fakultät
der Universität Wien

Fakultätsvorträge

der Philologisch-
Kulturwissenschaftlichen Fakultät
der Universität Wien

4

herausgegeben von

Franz Römer
und
Susanne Weigelin-Schwiedrzik

Klaus Reichert

Zwischen den Zeilen –
Über das Un-Angemessene
der Übersetzung

Vienna University Press
V&R unipress

Informationen über die Philologisch-Kulturwissenschaftliche Fakultät:
http://phil-kult.univie.ac.at/

Kontaktadressen der Institute der Philologisch-Kulturwissenschaftlichen Fakultät:
http://phil-kult.univie.ac.at/institute/

Anfragen und Kontakt:
info.pkwfak@univie.ac.at

Redaktion:
Sonja Martina Schreiner

Bibliografische Information der Deutschen Nationalbibliothek
Die Deutsche Nationalbibliothek verzeichnet diese Publikation in der
Deutschen Nationalbibliografie; detaillierte bibliografische Daten sind
im Internet über http://dnb.d-nb.de abrufbar.
ISBN 978-3-89971-625-2

Veröffentlichungen der Vienna University Press
erscheinen bei V&R unipress GmbH

Einleitung

Klaus Reichert ist einer der kompetentesten Praktiker sowie Theoretiker des literarischen Übersetzens, auch wenn er über seine umfassende Arbeit im Vorwort des Bandes »Die unendliche Aufgabe«[1] schreibt, er habe gar keine eigene Theorie.

Die Idee, Klaus Reichert zu einem Vortrag im Rahmen der Fakultätsvorträge der Philologisch-Kulturwissenschaftlichen Fakultät einzuladen, ergab sich nicht zufällig. Die Philologisch-Kulturwissenschaftliche Fakultät hat im letzten Jahr erste Bemühungen gesetzt, um in ihrem Rahmen die Frage des Übersetzens, des sprachlichen, des kulturellen Übersetzens strukturierter als bisher zu behandeln. Durch das 2009 gegründete Projekt »Metamorphosis«,[2] eine Zusammenarbeit von Vertretern des Instituts für Europäische und Vergleichende Sprach- und Literaturwissenschaft (EVSL) und des Instituts für Germanistik der Universität Wien, wollen sich Forschung und Lehre in Zukunft im Rahmen von unterschiedlichen Formaten zum Thema ›Übersetzung‹ zu Wort melden. Mehrere Ringvorlesungen, Seminare und Vorlesungen wurden auf Anregung von »Metamorphosis« in der kurzen Zeit ihres Bestehens bereits an der Philologisch-Kulturwissenschaftlichen Fakultät abgehalten, zahlreiche Institute konnten für die praktische Zusammenarbeit gewonnen werden.

Die am Projekt »Metamorphosis« Beteiligten hoffen, dass die bisherigen Bemühungen erst einen Anfang darstellen und unsere philologischen Disziplinen sich der The-

---

1 Klaus Reichert: Die unendliche Aufgabe, München 2003, hier: 19.
2 http://univie.ac.at/metamorphosis (10.05.2010).

menvielfalt, die sich aus dem Feld des Übersetzens ergibt, nach und nach mit wachsendem Interesse zuwenden werden. Auch die Etablierung eines Erweiterungscurriculums zum literarischen Übersetzen ist bereits überlegt worden.

Ich möchte aber vor allem einige Worte zu unserem Gast sagen: Klaus Reichert ist Anglist, er übersetzt Literatur und ist selbst Lyriker. Er unterrichtete nahezu 30 Jahre an der Johann-Wolfgang-Goethe-Universität in Frankfurt am Main und ist seit 2002 Präsident der Deutschen Akademie für Sprache und Dichtung in Darmstadt.

Seit Jahrzehnten beschäftigt er sich im Rahmen seiner Tätigkeit mit der Frage des Übersetzens, der Übersetzbarkeit von Texten und publizierte nahezu jährlich entweder theoretische Werke zum Übersetzen oder eigene Übersetzungen. Das *Hohe Lied* oder Shakespeares Werke gehören zu seinem Übersetzungsrepertoire, die Bände »Vielfacher Schriftsinn«, »Die unendliche Aufgabe« oder auch »Lesenlernen« zu seinen weit beachteten theoretischen Auseinandersetzungen mit Sprache und deren Bearbeitung. Reichert geht dabei von der These aus, dass es keinen allgemeingültigen Ansatz des Übersetzens gibt, jeder Text verlange, so schreibt er in der »Unendlichen Aufgabe«, nach einer eigenen, einer anderen Herangehensweise.[3] Bereits der Titel seines Essaybandes, »Die unendliche Aufgabe«, in Anlehnung an die Übersetzungsdebatte der deutschen Klassik und Romantik, weist auf ein offenes Textverständnis, auf eine ständig neu zu definierende Arbeit des Übersetzers hin.

Wir alle müssen uns darüber im Klaren sein, dass der überwiegende Teil unseres Lesegenusses, ja unserer ge-

---

3 Klaus Reichert: Die unendliche Aufgabe (wie Anm. 1), hier: 19.

samten Kommunikation erst durch Übersetzung ermöglicht wird: Das Übersetzen praktischer Texte, literarisches Übersetzen, inter- oder intrasprachliches Übersetzen, aber auch das kulturelle Übersetzen, das in einer multikulturellen Gesellschaft, in der wir heute leben, zur täglichen Notwendigkeit geworden ist, lässt sich aus unserem Leben nicht wegdenken.

Wir halten täglich Texte in der Hand, die ursprünglich in einer fremden Sprache geschrieben wurden – den Vorgang, der der Entstehung des übersetzten Textes zugrunde liegt, reflektieren wir allerdings kaum. Es gilt für uns RezipientInnen der ›Vertrauensgrundsatz‹: Wir verlassen uns darauf, dass im Zuge des Übersetzungsprozesses alles rechtens verlief, dass der Übersetzer mit bestem Wissen und Gewissen an den Text heranging, dass wir genau das lesen, was der Autor einst festhielt – nur in einer anderen Sprache. Wir erwarten uns – wenn es um praktische Texte geht – wortgetreue Übersetzungen – in diesem Fall lassen wir keinen Spielraum zu, da wollen wir nicht, dass der Übersetzer experimentiert oder gar interpretiert. Auch diese Phänomene sind natürlich von kulturwissenschaftlicher Relevanz – ebenso wie *Google Translator* und ähnliche maschinelle Übersetzungsversuche.

Im Rahmen des hier geführten Diskurses geht es aber um die Frage des literarischen Übersetzens: Und dabei gelten andere Kriterien. Bekannt ist die Auseinandersetzung, die sich durch die Geschichte des Abendlandes zieht, beginnend in der Antike und bei der Rezeption antiker Texte im Orient, über Leonardo Bruni, die Aufklärer, Klassiker und Romantiker, später Walter Benjamin, Jacques Derrida, bis zu Theoretikern und Praktikern der Gegenwart wie Klaus Reichert, Umberto Eco,

George Steiner oder Peter Waterhouse – um nur einige zu nennen. Die Kernfrage ist für uns alle – Praktiker wie Theoretiker – immer dieselbe: WIE soll übersetzt werden, WIE DARF übersetzt werden? Treu – aber wem die Treue haltend? Dem Wortsinn, dem Rhythmus, der Form? Sich festhalten am Text oder sich davon entfernen? Wo bleibt im ersteren Fall der Übersetzer, wo im Falle der freien Übersetzung der Autor? Wem gehört der Text überhaupt? Wie wirkt die Fremdsprache auf unsere eigene Sprache, auf unsere Übersetzung? Beeinflusst sie die Sprache des Übersetzers? Ist unsere Sprache eine andere, wenn wir in sie übersetzen?

Dass diese nicht enden wollende Diskussion auch hier an unserer Fakultät entbrannt ist und sich gleich zwei Projekte – neben »Metamorphosis« das von der Europäischen Union geförderte Projekt »BIENNALE-EST. Europe as a Space of Translation«, auf Initiative des Instituts für Romanistik, durchgeführt von Johanna Borek und einem internationalen Netzwerk[4] – zu dem Thema lautstark zu Wort melden, halte ich für ein gutes, für ein wichtiges Zeichen. Es steht auch zu hoffen, dass sich weitere Kooperationen der beiden Initiativen miteinander, aber auch mit den uns verbundenen Translationswissenschaften ergeben werden.

Mit dem Vortrag von Klaus Reichert wird jedenfalls ein Akzent gesetzt, der gleichzeitig darauf hinweist, auf welcher Ebene des Theorie- und Praxisverständnisses sich »Metamorphosis« bewegt.

Andrea Seidler, Vizedekanin

---

4 http://www.estranslation.net (10.05.2010).

Ein Auszug aus der Liste der Publikationen von Klaus Reichert:

Vielfacher Schriftsinn. Zu Finnegans Wake, Frankfurt am Main 1989.

Kehllaute. Gedichte, Salzburg 1992.

Das Hohelied Salomos. Übersetzt, transkribiert und kommentiert von Klaus Reichert, Salzburg-Wien 1996.

Der fremde Shakespeare, München 1998.

Wär ich ein Seeheld. Gedichte, Salzburg 2001.

Die unendliche Aufgabe, München 2003.

Welt-Alltag der Epoche. Essays zum Werk von James Joyce, Frankfurt am Main 2004.

William Shakespeare: Die Sonette. Prosa-Übersetzung von Klaus Reichert, Salzburg-Wien 2005.

Lesenlernen. Über moderne Literatur und das Menschenrecht auf Poesie, München 2006.

Wüstentage, Frankfurt am Main-Leipzig 2007.

Klaus Reichert

Zwischen den Zeilen –
Über das Un-Angemessene der Übersetzung

> *Beim Übersetzen muß man*
> *bis ans Unübersetzliche*
> *herangehen; alsdann wird*
> *man aber erst die fremde Nation*
> *und die fremde Sprache gewahr.*

Goethe, Maximen und Reflexionen 1056

Als die Handwerker im *Sommernachtstraum* ihr Stück nach Ovid, Pyramus und Thisbe, probieren, verschwindet Bottom the Weaver kurz im Wald und kommt zu aller Entsetzen in einen Esel verwandelt zurück (A Midsummer Night's Dream 3, 1): *»Bless thee, Bottom«*, sagt einer, *»bless thee! Thou art translated.«* Das ist, wortwörtlich, eine Metamorphose, die Verwandlung in eine andere Gestalt. So augenfällig wurde uns das, was Übersetzung heißt und ist, noch nicht vorgeführt. Doch so ganz von ungefähr – oder als purer Schabernack des Kobolds Puck – kommt das, als was Bottom sich zeigt, allerdings nicht. Bottom ist Übersetzer – bühnennäher gesagt: ein Möchtegern-Verwandlungskünstler –, der etwas ist, was er zugleich nicht ist, so wie die Übersetzung die Transformation von etwas ist, was sie selbst nicht ist. Als die Handwerker bei der Verteilung der Rollen zu bedenken geben, Bottom könne durch sein martialisches Gebaren – er möchte lieber einen Tyrannen als einen Liebhaber spielen – die Damen im Publikum verschrecken, schlägt er vor zu

11

sagen: »Ich, Pyramus, bin nicht Pyramus.« Als die Rolle des Löwen vergeben werden soll, will er auch den spielen, und um die Damen nicht zu erschrecken, bietet er an, zu brüllen wie eine Turteltaube oder eine Nachtigall. Auch das sind Metamorphosen: vom Löwen zu Taube und Nachtigall. Und jetzt – *»thou art translated«* – ist Bottom ein Esel und hat ein Gelüst nach Hafer und Heu.

Bottom ist von Beruf Weber, was durchaus als Bild für den Dichter sowohl wie für den Übersetzer verstanden werden kann. Den Namen hat Wieland,[1] und Schlegel[2] nach ihm, übersetzt mit Claus Zettel. Zettel ist die Kette, der Längsfaden am Webstuhl, der sich durch das ganze Gewebe zieht. Die Übersetzer haben also durch die Erfindung des neuen Namens den Beruf überhaupt erst ins Spiel gebracht. Außerdem kommt durch den Doppelsinn eine neue Bedeutungsschicht dazu, obwohl beide Wörter – Zettel für ›Kette‹ und Zettel für ›Papier‹ – etymologisch nichts miteinander zu tun haben. Aber für den Dichter, den Übersetzer, durch den Gleichklang eben doch. Als Zettel seine frühere Gestalt wieder hat, hält er die Verwandlung für einen Traum: »Ich hatte 'nen Traum... 's geht über Menschenwitz, zu sagen, was es für ein Traum war. Der Mensch ist nur ein Esel, wenn er

---

1 Christoph Martin Wieland: Shakespear. Theatralische Werke in Einzelausgaben, neu hrsg. nach der ersten Zürcher Ausgabe von 1762–1766 von Hans und Johanna Radspieler, Nördlingen 1986sqq. (Bd. 1: Ein St. Johannis Nachts-Traum, 1986).

2 A. W. Schlegels Sommernachtstraum, in der ersten Fassung vom Jahre 1789. Nach den Handschriften hrsg. von Frank Jolles, Göttingen 1967 (Palaestra 244). – William Shakespeare: Ein Sommernachtstraum = A midsummer night's dream, in der Übersetzung von Schlegel hrsg. von L.L. Schücking, mit einem Essay »Zum Verständnis des Werkes« und einer Bibliographie von Wolfgang Clemen, Reinbek bei Hamburg 1959 (Rowohlts Klassiker der Literatur und der Wissenschaft 48; Englische Literatur 8).

sich einfallen lässt, diesen Traum auszulegen… Ich will den Peter Squenz dazu kriegen, mir von diesem Traum eine Ballade zu schreiben: sie soll Zettels Traum heißen, weil sie so seltsam angezettelt ist.« ›Anzetteln‹ ist übrigens auch ein Wort aus der Webersprache, und zugleich wissen wir, was Zettelkästen, wenn sie träumen, anrichten können, denn der Schlaf der Vernunft gebiert Ungeheuer. Das Original geht in eine andere Richtung: *»Bottom's Dream, because it hath no bottom.«* Der Traum ist grund- und bodenlos, er öffnet sich zum Meer der Synonymien und Klangspiele oder zieht uns im Maelstrom in die Abgrundtiefe der Etymologien, ohne dass wir je ›bottom‹, festen Boden, erreichten.

Ich möchte mich der Übersetzung im Sinne der Verwandlung einer Gestalt in eine andere noch von einem weiteren Bild her nähern, das der Namensgeber des Wiener Projekts[3] zweihundertfünfzigfach zum Entzücken seiner Leser entwickelt hat: Ovids *Metamorphosen* sind ja eben auch Übersetzungen von einer Gestalt in eine andere. Die Frage ist, ob hier nur in übertragenem Sinn von Übersetzung die Rede sein kann, oder ob Ovid in einem nahezu technischen Sinn ›übersetzt‹. Man hat Übersetzung gelegentlich ›das Gleiche in anderer Gestalt‹ genannt, wobei aus einem Königsmantel ein Flitter geworden sein mag, der so tut als-ob. Bei Ovid hingegen ist zu finden, dass keineswegs die gleiche, sondern eine ganz andere Gestalt entsteht, obwohl manchmal, wie in jeder anspruchsvollen Übersetzung, die nicht so tut als-ob, das Original noch durchscheint oder absichtsvoll mitgesetzt

3 Im Rahmen des Projekts »Metamorphosis«: http://metamorphosis. univie.ac.at/ (10.05.2010) wurde die Ringvorlesung (Wintersemester 2009/2010) »Was ist eine Übersetzung?« durchgeführt.

ist, wie bei den lykischen Bauern, die auch als Frösche noch ihre Verwünschungen zu quaken versuchen (Met. 6, 376: *quamvis sint sub aqua, sub aqua maledicere temptant*). Nein – Ovid ist ein radikaler Übersetzer, wenn er zum Beispiel ein Mädchen in einen Baum oder Strauch verwandelt. Ich möchte an der *Daphne*-Geschichte zeigen, wie er dabei vorgeht.

Sie kennen die Geschichte: Apoll ist in Liebe zu der ebenso schönen wie spröden Nymphe Daphne entbrannt, die vor ihm davonrennt. Während des schnellen Laufs wird die Gestalt der Flüchtenden beschrieben: ihre vom Wind zerzausten offenen Haare (wie sähen sie frisiert erst aus, fragt sich Apoll), die Lippen, die Finger und Hände und Arme, der Hals und der Nacken, die Winde entblößen ihre Glieder (*corpora*), was sie nur noch anziehender macht, alles in raschen Syntagmen, atemlosen Zeilen. Fast hat er sie erreicht, bedroht ihren Rücken, sein Atem streift die im Nacken flatternden Haare, da ruft sie in ihrer Angst etwas aus, das sich wie eine Alternative liest, von den Kommentatoren aber wie eine versäumte Streichung Ovids verstanden wird. Erst appelliert sie an ihre Mutter, die Erde: »*Tellus, ait, hisce*« (Met. 1, 544) – »Erde, tu dich auf, verschling mich« –, dann wendet sie sich an den Flussgott Peneus, ihren Vater: »Hilf mir, Vater, wenn ihr Flüsse göttliche Macht habt (*numen*)« – und der Vater ist ein mächtiger Flussgott, der viele Ströme kommandiert –, »dann verdirb meine Gestalt durch Verwandlung« (Met. 1, 545: *mutando perde figuram*), wobei *figura*, metonymisch, auch als Schönheit verstanden wird. Ich vermute, dass Ovid bei dieser doppelten Anrufung nicht geschlafen, den ersten Anruf nicht zu streichen vergessen hat – das holen für ihn die Editoren nach –, dass er vielmehr dadurch auf den Übersetzungsvorgang hinweisen wollte. Hätte Mutter Erde sie verschluckt, wäre sie verschwunden gewesen; durch die Übersetzung aber (*mutando ... figuram*) erhält sie ihr Nachleben. Es scheint nicht ohne Belang zu sein, dass sie an den Flussgott appelliert, denn das Fließende, Strömende, auch Strudelnde ist geradezu ein Inbild für das Fluktuieren von Bedeutungen, dem Dichter, Interpreten und Übersetzer gleichermaßen ausgesetzt sind.

Paradoxerweise wird der Übersetzungsvorgang selbst als eine Erstarrung beschrieben, als werde etwas, das eben noch im Fluss war, jetzt angehalten, ›festgeschrieben‹. An der Oberfläche scheint alles klar und eindeutig zu sein: Die Glieder werden starr, die weichen Teile – Bauch, Brust, Herz (*praecordia*) – umhüllt dünner Bast, die Haare werden zu Laub, die Arme zu Ästen, der schnelle Fuß hängt an trägen Wurzeln, an Stelle des Gesichts erscheint ein Wipfel. Gewiss. Ich glaube aber, dass unter den Hauptbedeutungen sich etwas anderes abspielt, das uns berechtigt, von Übersetzung zu sprechen. Was das ist, hat nicht nur mit erweiterten und Nebenbedeutungen zu tun, sondern mit dem Geschäft des Dichters, auf Töne zu hören, Assoziationen mitzumeinen, die kaum semantisch gedeckt sind. Gewiss sind mit *artus* die physischen Glieder und Gelenke gemeint, aber das Wort heißt auch allgemein ›das Gefüge‹. Im von *artus* abgeleiteten *articulus* steckt nicht nur ›Knöchel‹, ›Glied‹, ›Gelenk‹, sondern auch ›Teil einer Phrase‹, ›Pronomen‹, ›Artikel‹, ›Abschnitt einer Rede‹. Das Adjektiv *artus* heißt ›eng‹, ›knapp‹, ›dicht‹, und mit beiden *artus*-Formen verwandt ist *ars*, wörtlich ›das Gefügte‹, also die Kunst im weiteren, Grammatik und Rhetorik im engeren Sinne. Wir beginnen zu ahnen, in welche Richtung uns die Weiterungen des Wortes *artus* führen: zur Übersetzung der fliehenden

Daphne in einen festen, enggefügten Text. *liber*, der Bast, das äußerste Innere des Stamms, heißt in der uns geläufigen Bedeutung ›Schrift‹ und ›Buch‹, weil ursprünglich auf Bast geschrieben wurde; Daphnes Leib ist also – auch – von einem Buch umfangen. Dahinter, dass die Haare zu Laub werden (Met. 1, 550: *in frondem crines*), steckt vielleicht eine kleine Tücke für Eingeweihte, nämlich im Wechsel der Deklination bei gleichem Nominativ: *frons, frondis* heißt ›Laub‹, *frons, frontis* ›Stirn‹, wohinter die Haare ja wachsen. Schwierig ist die letzte Verwandlung – *ora cacumen obit* (Met. 1, 552) –, gewöhnlich übersetzt als »der Wipfel nimmt ein, oder verdeckt, das Gesicht«. Gesicht heißt *os*, hier aber steht die Mehrzahl, *ora*. *os* heißt aber auch ›Mund‹, ›Sprache‹, ›Aussprache‹. Könnte es sein, dass durch die Pluralform alles das mitgemeint ist? Versprachlichung als Höchstes, Äußerstes, Wipfel oder Gipfel?

Auf die Beschreibung der Verwandlung des Mädchens folgt noch ein Halbvers: *remanet nitor unus in illa* (Met. 1, 552). Erich Rösch, in der Tusculum-Ausgabe,[4] übersetzt: »Ein Glanz nur blieb, über allem«, wobei der unbestimmte Artikel ›ein‹ aus metrischen Gründen unbetont gelesen werden muss. Bei Ovid ist *unus* durch die vorangehenden zwei Senkungen von *nitor* dagegen besonders hervorgehoben: *nitor unus*, ein einzigartiger, besonderer Glanz. Was heißt *nitor*? Moriz Haupt, der große Editor lateinischer und mittelhochdeutscher Poesie,

---

4 Publius Ovidius Naso: Metamorphosen, in deutsche Hexameter übertragen und hrsg. von Erich Rösch, mit einer Einführung von Niklas Holzberg, München-Zürich ¹¹1988.

schreibt in seinem Ovid-Kommentar[5] zur Stelle: »Die glänzende Schönheit des Mädchens dauert allein noch fort in der Schönheit und dem Blätterglanze des Lorbeerbaumes.« Das ist eine Bestätigung der Beobachtung anlässlich der lykischen Bauern, dass in der Übersetzung, der Übertragung, der Verwandlung das Original durchscheine. Aber *nitor* bedeutet eben auch den Glanz der Darstellung, des Stils, und eben dieser poetische Glanz ist es, den Ovid der Nymphe verliehen hat, indem er sie in Verse in einem Buch übersetzte. Die erzählte Verwandlung und die implizierten Markierungen ihres Gemachtseins sind ununterscheidbar eins. Ovid reflektiert nicht über das Schreiben, er führt es durch sein Verfahren vor. Ovid macht das, was man mit Roman Jakobson[6] eine ›intrasprachliche Übersetzung‹ nennen kann, allerdings nicht im Sinne eines ›rewording‹, sondern innerhalb der Bedeutungen der Wörterschichten selbst.

Lässt sich das, was Ovid gemacht hat, in irgendeine andere Sprache übersetzen? Übersetzen im üblichen Sinn lässt es sich gewiss nicht. *liber* heißt im Kontext der Erzählung eben ›Bast‹ und nicht ›Buch‹, und der Anklang von *frons, frondis*, ›Laub‹, an *frons, frontis*, ›die Stirn‹, ist ohnehin nicht nachmachbar. Jede Übersetzung dieses Textes – auch eine, die die Anklänge, das Mitgemeinte, auf Kosten des Erzählten akzentuieren würde – ist also im wörtlichen Sinne un-angemessen. Wir stehen hier vor

---

5 Die Metamorphosen des P. Ovidius Naso. Erster Band: Buch I–VII erklärt von Moriz Haupt. Nach der Bearbeitung von O. Korn und H.J. Müller in 8. Auflage hrsg. von R. Ehwald, Berlin 1903.

6 Roman Jakobson: On Linguistic Aspects of Translation, in: Selected Writings II, The Hague-Paris 1971, 260–266, hier: 261. – Vgl. Stephan Grotz: Vom Umgang mit Tautologien. Martin Heidegger und Roman Jakobson, Hamburg 2000 (Topos Poietikos 2).

der Wand des Unübersetzbaren, und es fragt sich, ob wir mit dem Kopf durch sie hindurchrennen können.

Das Problem der Unübersetzbarkeit ist keineswegs eine neuere Spitzfindigkeit; es hat sich gestellt, seitdem überhaupt übersetzt wird. Der Überlieferung nach haben es im dritten Jahrhundert v. u. Z. in Alexandria 70 Juden unternommen, die Bibel ins Griechische zu übersetzen. Dieser Text, die sogenannte *Septuaginta*, wurde dann für die Christen bis ins vierte und fünfte Jahrhundert zum autoritativen Wort Gottes. Die LXX haben den Text so radikal transformiert, dass sich kaum behaupten lässt, sie hätten ›dasselbe mit anderen Worten gesagt‹, wie eine gängige Annahme über das Übersetzen meint. Dem parataktischen Hebräischen haben sie die elegante hypotaktische Form des hellenistischen Griechisch gegeben. Die hartgefügten Steinquader der Zyklopensprache, wie Rosenzweig[7] das Hebräische nennt, haben sie durch den Reichtum der Modalwörter verfugt, haben das weit ausgebaute Tempusgefüge des Griechischen einer Sprache übergestülpt, die keine Zeitstufen kennt, nur abgeschlossene und unabgeschlossene Handlung. Und das betrifft allein die systematische Seite der Sache. Auf die semantische Ebene will ich mich gar nicht erst begeben, nur ein einziges Beispiel nennen. Der Gottesname, das Tetragramm, darf nicht ausgesprochen werden – man wusste auch nicht, wie –, man sieht ihn aber geschrieben auf der Rolle. An seiner Stelle muss *Adonai* gelesen werden, ›Herr‹. Die LXX übersetzen *an Stelle* des Gottesnamens *Kyrios*, ›Herr‹, das heißt der Name ist *ersetzt* durch eine

---

7 Klaus Reichert: Zum Übersetzen aus dem Hebräischen, Deutsche Akademie für Sprache und Dichtung – Jahrbuch 1997, 29–41, hier: 32.

Standesbezeichnung, und kein Leser kann mehr erkennen, dass sich dahinter der heiligste Name verbirgt.

Der Widerstand gegen diese Übersetzung seitens der Schriftgelehrten war massiv und betrifft nicht zuletzt das Mitgemeinte, das wie bei Ovid die Übersetzung im Grunde verbot. Die Rabbinen gingen davon aus, dass der Text ein dichtes Gewebe aus lauter Kreuz- und Querverweisen, aus Korrespondenzen war, die sich wechselseitig erhellten. Wortkonkordanzen sind relativ unproblematisch, wenn auch das Auffinden auf der Rolle – es gab ja noch nicht den Kodex – aufwendig ist. Die Rabbinen aber hatten viel subtilere Methoden, von denen ich nur einige nenne. Jeder Buchstabe ist zugleich eine Zahl, die Summe der Buchstaben eines Wortes ergibt seinen Zahlwert. Auf diese Weise lassen sich Korrespondenzen zwischen Wörtern herstellen, die auf der lexikalischen Ebene nichts miteinander zu tun haben. Oder es gibt die Korrespondenzen der Wortwurzeln, die bisweilen unter dem ›Druck‹ von Vor- und Nachsilben soweit reduziert sind, dass sie erst erschlossen werden müssen. Manchmal werden die Wortgrenzen anders gezogen, um zu einem Querverweis zu gelangen. Manchmal genügt ein einziges Phonem an prominenter Stelle zur Herstellung einer Verbindung usw. Mit einem Wort: Der ganze Text der hebräischen Bibel ist durchsemantisiert, wobei den Buchstaben oder rein grammatischen Markierungen ebensoviel Gewicht zukommt wie den lexikalischen Bedeutungen der Wörter. Alles ist intrasprachliche Übersetzung. So befremdlich, ja abstrus uns dieses hermeneutische Verfahren erscheint, es ist im Grunde nichts anderes als das poetische Verfahren, in dem keine Silbe nicht semantisiert ist. In den Worten Roman Jakobsons: *»In poetry above all, the grammatical catego-*

ries carry a high semantic import«[8] oder *»Phonemic similarity is sensed as semantic relationship«*,[9] wie er ja selbst, in seiner berühmten, zusammen mit Claude Lévi-Strauss verfassten Analyse des Baudelaire-Gedichts *Les Chats*[10] gezeigt hat. Kann man also die Bibel übersetzen? Nach dem Gesagten eher nein. Doch es gibt respektable Versuche, so die Übersetzung von Buber und Rosenzweig,[11] die in ihrer Neuerfindung des Deutschen bis in die Silben oder grammatischen Formantien hinein ein Netz von Korrespondenzen gesponnen haben. Übrigens gibt es noch einen anderen Griechen, Aquila, der im ersten Jahrhundert einen neuen Übersetzungsversuch unternahm, der leider nur in wenigen Bruchstücken auf uns gekommen ist. Bei ihm heißt das erste Wort der Bibel, *bereshit*, das gewöhnlich mit ›im Anfang‹, *en arche, in principio* übersetzt wird, *en kephalaio*. Er entdeckte nämlich unter dem ›re‹ von *bereshit* die Wurzel *rosh*, ›Kopf‹, und dieser erstaunliche Fund führt ihn dazu, zu sagen *en kephalaio*: »Im Kopf schuf Gott Himmel und Erde.«

All die vielen Bedeutungen, Nebenbedeutungen, vermuteten Andeutungen und deren Verknüpfungen sind niedergelegt in den beiden großen Kompendien, den Talmuden, die in den ersten Jahrhunderten unserer Zeitrechnung entstanden. Es sind nicht eigentlich Kommentare, es sind Fragen, die zu neuen Fragen führen, und Antworten, die einander widersprechen. Es sind Versu-

---

8 Roman Jakobson (wie Anm. 6), hier: 265.
9 ibid., hier: 266.
10 Roman Jakobson und Claude Lévi-Strauss: »Les chats« de Charles Baudelaire, L'Homme 2/1 (1962), 5–21.
11 Die Schrift. Verdeutscht von Martin Buber gemeinsam mit Franz Rosenzweig, 4 Bde., Heidelberg 1954–1962. (Bubers Übersetzung entstand in den Jahren 1926–1938, bis 1929 gemeinsam mit Franz Rosenzweig; eine Überarbeitung erfolgte 1954–1962.)

che, sich dem Unbegreiflichen zu nähern, seine im ›Wort‹ angezeigten ›Grenzen‹ durch ein Ja-Aber immer weiter hinauszuschieben. Es gibt keine ›Vollmacht‹ des Verstehens wie bei den christlichen Auslegern, gewiss keine ›jemeinige‹. Es gibt keine abschließenden Entscheidungen, wie eine Stelle zu lesen sei, es ist ein ständiges Mäandern von Auskünften, zwischen denen, obwohl sie fortlaufend geschrieben sind, Jahrhunderte liegen mögen. Es sind keine Diskussionsprotokolle. Im Grunde wäre nur das eine Möglichkeit, das Unmögliche zu übersetzen: als ein unabschließbarer Prozess von Entscheidungen, die gleich wieder aufgehoben werden, als Durchdringung von Kommentar (was Übersetzung ja auch immer ist) und dem als Übersetzung Bezeichneten, Verstandenen, als Partitur mit verschiedenen Schriftgraden und -typen – Rosenzweig meinte, er und Buber hätten der Bibel der Klavierauszüge (er meinte die bisherigen Übersetzungen) wieder die ursprüngliche Gestalt der Partitur gegeben. Und obwohl hier alle Optionen potentiell auf dem Tisch liegen, wird doch, bei mehreren Übersetzungen, jeder Übersetzer seine eigene Stimme finden, wie die verschiedenen Parallelübersetzungen von Kapiteln aus *Finnegans Wake* gezeigt haben. Man vergleiche daraufhin einmal Wolfgang Hildesheimers und Hans Wollschlägers Übersetzungen des *Anna Livia*-Kapitels:[12] Kein einziger Satz der einen Übersetzung entspricht einem Satz der anderen. Natürlich war es diesen Übersetzern bei einer Mischsprache wie der in *Finnegans Wake* möglich, die Ausgangssprache durch den Assoziationsreichtum des

---

12 James Joyce: Anna Livia Plurabelle, deutsch von Wolfgang Hildesheimer und Hans Wollschläger, mit einer Einführung von Klaus Reichert, Frankfurt am Main 1970.

Deutschen gewissermaßen zu ergänzen. Und ebenso natürlich sieht es anders aus bei Vorlagen mit eingeschränkterem Resonanzpegel, bei denen eine Wiedererkennung in der Übersetzung, wie ich meine, trotz allem eben Dargelegten, erwartbar oder gefordert ist. Meine Überlegungen zum Übersetzen führen also in eine veritable Aporie: Es ist unmöglich und dennoch – oder deswegen – tun wir es, nicht naiv, sondern sehenden Auges, hörenden Ohrs (Faust II, 7488): »Den lieb ich, der Unmögliches begehrt.«

Um die *Daphne*-Geschichte auf Grund des an der Bibelexegese Erläuterten weiter zu komplizieren, greife ich den Faden – es ist eher ein Kett- als ein Ariadnefaden – noch einmal auf. Ich hatte von *nitor*, vom Glanz der in Poesie übersetzten Schönheit des Mädchens gesprochen. Kaum den Philologen, gewiss aber den Poeten erstaunt die Nachbarschaft von *nitor* und *nitor* (mit langem i). Das Verb *nitor* heißt ›vorwärts drängen‹, ›sich zu einer Bewegung aufstemmen‹, wie Georges[13] formuliert, aber auch ›auf etwas hinarbeiten‹, auch ›sich auf dem Fleck, sich in der Schwebe halten‹. Ist es abwegig, dass auch dies der Dichter ins Wort gebannt hat: die auf einem Fleck angehaltene Bewegung, im Glanz der Sprache in Bewegung gehalten, wie in Berninis papierdünnen Blättern?

Nach der Erstarrung kommt noch einmal Bewegung in die Szene. Der Gott legt die Rechte an den Stamm und spürt unter der Rinde das noch ängstlich schlagende Herz, er umschlingt mit seinen Armen die Äste, als wären es Glieder. Wieder ist hier einiges doppelt gefügt (Met. 1, 555): *conplexusque suis ramos, ut membra, lacertis.*

---

13 Ausführliches lateinisch-deutsches Handwörterbuch, 2 Bde., von Karl-Ernst und Heinrich Georges, Leipzig ⁷1879–80.

conplexus ist ›das Umschließen‹, ›die Umarmung‹ (in Verbindung mit *corporum* ›der Beischlaf‹), heißt aber auch ›die Verbindung der Wörter in der Rede‹, und die Wörterverbindung wird im Vers selbst als Umschlingung vorgeführt. *suis* ist um drei Wörter getrennt vom zugehörigen Nomen *lacertis*; *lacertus* heißt auch ›die Kraft der Rede oder des Redners‹. Was da umschlungen wird, ist wie Glieder, *ut membra*, also auch: wie Redeteile, wie Wörter. Der Gott gibt dem Holz (*ligno*) Küsse, und selbst das Holz noch verweigert die Küsse, *refugit*, wörtlich: es flüchtet sich, flieht vor den Küssen. Früher (Met. 1, 526) hieß es *fugit*, jetzt (Met. 1, 556) *refugit*: Das Mädchen ist eine ganz andere geworden und doch dieselbe geblieben. Dass Holz flüchtet, ist schwer vorstellbar, aber gedichtet ist alles möglich, und *lignum* heißt auch die ›Schreibtafel‹.

Was noch folgt, ist die Weihe des Baumes als höchstes Ehrenzeichen für die Führer Latiums, für die Türen des Augustus auf dem Palatin. Der Gott selbst wird ihn tragen auf der Leier, dem Köcher, dem ungeschorenen Haupthaar, und sie, Daphne, hat durch das immergrüne Laub *perpetuos honores* (Met. 1, 565). Ein letztes: Der Gott hatte geendet, und Ovid wählt für ihn einen seiner weniger geläufigen Beinamen (Met. 1, 566): *finierat Paean*. Man kann das auch so übersetzen: Der Lobgesang, der Pän, ist zu Ende. Horaz, zweiundzwanzig Jahre älter als Ovid, schreibt in der 30. Ode seines dritten Buches, er habe ein Werk geschaffen, dauerhafter als Erz, *aere perennius* (Hor. Carm. 3, 30, 1), und bittet die Muse Melpomene, sie möge ihm den Lorbeerzweig ums Haupt legen. Ovid brauchte keinen Musenanruf. Er hat durch seine Kunst des Gedichts in der Verschränkung seines Gemachtseins, durch seine genuine Poetik, die in der Weihe des Lorbeers endet, ihn sich selbst erschrieben: *finierat Paean*.

Was hat die Entknotung der Daphne-Verwandlung mit dem Übersetzen zu tun? Heidegger sagt in seinen Heraklit-Vorlesungen von 1943: »Auslegung und Übersetzung sind in ihrem Wesenskern dasselbe.«[14] Er sagt: »Jede Übersetzung, bloß für sich genommen ohne die zugehörige Auslegung, bleibt allen nur möglichen Missverständnissen ausgeliefert. ... Unausgesprochen trägt sie bei sich alle Ansätze, Hinsichten, Ebenen der Auslegung, der sie entstammt. Die Auslegung selbst wiederum ist nur der Vollzug der noch schweigenden, noch nicht in das vollendende Wort eingegangenen Übersetzung.«[15] Dass Übersetzung das Ergebnis ihr vorausliegender Auslegungen, Ebenen der Auslegung ist, ist das eine, dass Auslegung noch nicht in das »vollendende Wort« der Übersetzung eingegangen ist, ist das andere. Zum ersten: Heidegger versteht unter Auslegung den gesamten Bedeutungsspielraum einzelner Wörter, denen er durchaus auch in ihren grammatischen Formen, in der Wahl des Tempus usw. nachgeht. Das mag anlässlich der gnomischen Aphoristik Heraklits legitim sein. Für eine übersetzungstheoretische Verallgemeinerung ist sein Verständnis von Auslegung problematisch. Denn zur Auslegung gehört für den Interpreten und für den Übersetzer ja auch die Versgestalt mit ihren Iterationen und Brüchen, gehören die Klänge, die Bilder, gehören die Stilwechsel vom höheren zum niederen (bei Euripides, bei Catull

---

14 Martin Heidegger: Zu Übersetzung und Auslegung. Die Nötigung in ein ursprünglicheres Verstehen aus der erfahrenen Unruhe desselben, in: Heraklit. Der Anfang des abendländischen Denkens. Logik. Heraklits Lehre vom Logos (hrsg. von Manfred S. Frings), Frankfurt am Main [3]1994 (Gesamtausgabe II. Abteilung: Vorlesungen 1923–1944, Band 55), 62–64, hier: 63.
15 ibid., hier: 63.

und den Neoterikern, bei Shakespeare), gehört die Abfolge der Wörter im Satz samt ihrer begründeten Um-
und Ver-Stellung mit dem kaum, vielleicht von Celan,
nachzumachenden Hyperbaton im Lateinischen (ein
Shakespeare-Vers – *»While he insults o'er dull and speechless
tribes«* (Sonnet 107, 12) – heißt bei Celan:»derweil er
dumpfen grollt und sprachelosen Stämmen«)[16] – alles das
und manches mehr ist konstitutiv für ein Verständnis des
Textes und bestimmt seine Auslegung. Im Ensemble *aller*
dieser Parameter bestimmt sich der Text, da sie eben alle,
im Sinne Jakobsons, semantisiert sind. Und von daher ist
es nicht begründbar, warum immer und einzig dem lexikalischen Paradigma die Priorität gehört. Andere Prioritäten zu setzen, ist völlig legitim, wenn sie freilich auch
den gewöhnlichen Lesererwartungen zuwiderlaufen.

So folgen Buber und Rosenzweig in ihrer Bibelüber-
setzung dem sperrigen Satzbau des Hebräischen, formen
manchmal sogar seine Wortbildungen nach, was eine
ganz neue Färbung ins Deutsche bringt. Ihre Übersetzung weist keinerlei Übereinstimmung mit bestehenden
Übersetzungen mehr auf. Hölderlin übersetzte den
Sophokles entlang der griechischen Syntax, und die Em-
pörung der Zeitgenossen über sein unverständliches
Deutsch war groß. (»Dem 19. Jahrhundert standen Hölderlins Sophokles-Übersetzungen[17] als monströse Beispiele solcher Wörtlichkeit (gemeint ist die Syntax) vor
Augen«, schreibt Walter Benjamin.)[18] Gertrude Stein zu

---

16 William Shakespeare: Einundzwanzig Sonette, übersetzt von Paul
Celan, Frankfurt am Main 1967.
17 Die Trauerspiele des Sophokles, übersetzt von Friedrich Hölderlin,
Frankfurt am Main 1804.
18 Walter Benjamin: Die Aufgabe des Übersetzers, in: Illuminationen.
Ausgewählte Schriften I, Frankfurt am Main 1961, hier: 58.

übersetzen bedeutet, ihre oft lautlich bedingten Wörter-
folgen nachzubauen, ohne Rücksicht auf die Wortbedeu-
tungen, so dass, um ihre Schreibmethode nachvollzieh-
bar zu machen, der Text von den Möglichkeiten des
Deutschen her neu generiert werden muss. Der ins
Deutsche nicht übersetzte, große amerikanische Dichter
Louis Zukofsky hat den ganzen Catull nur in seiner
Lautgestalt übertragen, also für jedes lateinische Wort ein
ähnlich klingendes englisches gesetzt.[19] (In Parenthese:
Zukofsky wuchs in Brooklyn jiddisch und hebräisch auf.
Er hörte mit zehn Jahren zum ersten Mal Englisch –
Shakespeares *Romeo und Julia* –, dessen Klänge ihn derart
faszinierten, dass er die Sprache lernte. Sprache war für
ihn, der auch komponierte, in erster Linie Musik, Laut,
Klang, und die Töne Catulls wollte er im Englischen
hörbar machen.) Ernst Jandl nannte diesen Typ von
Übersetzung ›Oberflächenübersetzung‹. Eines seiner
Beispiele ist der Wordsworth-Vers *»My heart leaps up when
I behold«*, der bei ihm heißt: »Mai hart lieb zapfen eibe
hold«.[20] Sie merken, wie im Prozess der Lautwerdung
auch die Wortgrenzen anders gezogen sind. Um eine
Übersetzung in ihrer Stichhaltigkeit, ihrem Gelingen
beurteilen zu können, ist also zunächst erst einmal zu
studieren, welche Prioritäten im Ensemble der Parameter, im Zusammenwirken des Bedeutenden der Übersetzer gewählt hat.

Damit komme ich zu Heideggers zweiter Überlegung.
Zuerst hatte er gesagt, Auslegung und Übersetzung seien
»in ihrem Wesenskern dasselbe«, dann aber räumt er der

---

19 Catullus, by Louis Zukofsky, London 1969.
20 Vgl. Ernst Jandl: »im hanflang war das wort«. Sprechgedichte, Wa-
genbachs LeseOhr.

Übersetzung doch den höheren Wert gegenüber der Auslegung ein, wenn er von ihrem »vollendenden Wort« spricht. Vermutlich meint er mit diesem Wort, dass in ihm alles das zusammenschießt, was die Auslegung ans Licht gebracht hat. Denken Sie an das berühmte Chorlied aus der *Antigone*, das beginnt: *polla ta deina kouden anthropou deinoteron pelei*. Was heißt *ta deina*? »Viel Schreckliches gibt es, doch nichts ist schrecklicher als der Mensch«, könnte man übersetzen. Karl Reinhardt sagt: »Viel des Unheimlichen ist, doch nichts / ist unheimlicher als der Mensch.«[21] Der junge Hölderlin übersetzt: »Vieles gewalt'ge gibt's. Doch nichts / ist gewaltiger als der Mensch.« Später übersetzt er: »Ungeheuer ist viel, doch nichts / Ungeheuerer als der Mensch.« Welche der Optionen ist nun das »vollendende Wort«? Für jede lassen sich gute Gründe angeben. Jede benutzt ein geläufiges deutsches Wort. Ich kann nicht beurteilen, ob damit der Reichtum des griechischen Wortes – *to deinon* – ausgeschöpft ist, auch nicht, ob es ein gängiges Wort war oder vielmehr ein dunkles, auslegungsbedürftiges. Aber jede dieser Optionen bringt eine Ansicht des Wortes zum Ausdruck, wenn auch zwischen ihnen – vom Ungeheueren bis zum Unheimlichen – weite Räume der Seele zu durchschreiten sind. Sie alle – diese und weitere Optionen – stecken gleichsam das Feld ab, in dem *to deinon* zu suchen ist. Daran lässt sich nichts ändern, es ist, wie es ist, denn wir wissen, dass kein einziges Wort – ich möchte behaupten: nicht einmal ›und‹ – seine exakte Entsprechung in einer anderen Sprache hat. Jedes Wort hat seine eigene Geschichte, die Geschichte seiner Verwendung

---

21 Soph. Antigone 332–333. – Sophokles: Antigone, übersetzt von Karl Reinhardt, Berlin 1943.

im Horizont der jeweiligen Kultur und Literatur, hat seine Stellung im System der Sprache, hat sein eigenes grammatisches Geschlecht. (*mors* ist ein Femininum im Lateinischen und in den romanischen und slawischen Sprachen, im Griechischen und Deutschen ist es *der* Tod. Hat die Darstellung des Todes in der abendländischen Kunst vielleicht griechische Wurzeln? Ich habe eine einzige Tödin entdeckt, im Campo Santo von Pisa. Andere Beispiele wären *luna* und *sol, die* Sonne, *der* Mond, die in den verschiedenen Sprachen ganz unterschiedliche Naturgedichte hervorgebracht haben. Das Englische mit seinen geschlechtsneutralen Nomina hat viele dennoch lateinisch verstanden: ›moon‹ ist ›she‹, ›sun‹ ›he‹. Könnte es von da aus sein, dass ›death‹ weiblich konnotiert ist? Das hätte unerhörte Konsequenzen für die Übersetzung von Shakespeares Sonetten!)[22] Zusammenfassend und mit Charles Sanders Peirce[23] gesagt: Übersetzung ist nicht die Wiedergabe eines Wortes, eines Satzes in einer anderen Sprache, sondern es ist die Übertragung eines Sprach*systems* in ein anderes Sprachsystem.

Hat Heidegger solchen Wegen entlang gedacht, als er vom »vollendenden Wort« der Übersetzung sprach? Das »vollendende Wort« als Synthese der Auslegungen? Ein solches Wort kann es nach dem Gesagten in einer ›natürlichen‹, gewachsenen Sprache kaum geben, weil es sich dann ja wiederum aus einem Synonymenlexikon bedienen müsste. (Ein kluger Sprachwissenschaftler hat einmal gesagt, dass es Synonyme eigentlich nicht gibt, denn sonst könnte es Dichtung – *quid pro quo?* – gar nicht ge-

---

22 William Shakespeare: Die Sonette – The Sonnets, zweisprachige Ausgabe, deutsch von Klaus Reichert, Salzburg 2005.
23 Vgl. http://www.peirce.org/ (10.05.2010).

ben.) Und wenn Gadamer[24] die Übersetzung ein ›hermeneutisches Gespräch‹ nennt, das in einem ›Kompromiss‹ ende, kann es das wohl auch nicht sein, es sei denn, man denkt an Freuds Bestimmung des Symptoms als Kompromissbildung, von der Art, wie der arme Rothschild nach einem Besuch beim reichen Vetter auf die Frage, wie der ihn denn aufgenommen habe, zur Antwort gibt: »Ach, ganz famillionär.«

Heideggers Vorlesung kreist um einen Spruch des Heraklit, den er »wortgetreu« übersetzen möchte. Er unterscheidet ›wortgetreu‹ von ›wörtlich‹: »In der bloßen wörtlichen Übersetzung werden den einzelnen Wörtern fast mechanisch lexikalisch entsprechende gegenübergestellt. Aber bloße Wörter sind noch keine Worte.«[25] Bei Heraklit, sagt er, »wird das Über*setzen* zu einem *Über*setzen an das andere Ufer, das kaum bekannt ist und jenseits eines breiten Stromes liegt. Da gibt es leicht eine Irrfahrt und zumeist endet sie mit einem Schiffbruch. In diesem Bereich des Übersetzens sind alle Übersetzungen entweder sehr schlecht oder weniger schlecht; schlecht sind sie immer.«[26] Er sagt: »Wenn wir ganz ›natürlich‹ übersetzen und uns an die ›nüchternen‹ und ›exakten‹ philologischen Übersetzungen halten, kommt sogleich Klarheit in den Spruch.«[27] Der Spruch – Fragment 123 – lautet *physis kryptesthai philei*, und Heidegger zitiert zwei schon kanonisierte Übersetzungen. Die von Diels-Kranz lautet: »Die

---

24 Hans Georg Gadamer: Wahrheit und Methode. Grundzüge einer philosophischen Hermeneutik, Tübingen ⁶1990, hier: 389.

25 Martin Heidegger: Der Anfang des anfänglich Zu-denkenden, in: Heraklit (wie Anm. 14), hier: 44.

26 ibid., hier: 45.

27 Martin Heidegger: Exposition des Wesenszusammenhanges von Aufgehen und Untergehen. Fragment 123, in: Heraklit (wie Anm. 14), 111–127, hier: 120.

Natur (das Wesen) liebt es, sich zu verbergen«,[28] die von Bruno Snell: »Das Wesen der Dinge versteckt sich gern«.[29] Heidegger merkt an: Das »soll Heraklit gesagt haben? Aber lassen wir einmal die Frage beiseite, ob wir dem Heraklit die Gemeinplätzigkeit des so ausgelegten Spruches aufbürden sollen oder nicht; fragen wir nur dies: Kann überhaupt dem Inhalt nach Heraklit dergleichen gesagt haben? Nein.«[30] In den einleitenden Sätzen der Vorlesung hatte er gesagt: »Übersetzungen im Bereich des hohen Wortes der Dichtung und des Denkens sind jederzeit auslegungsbedürftig, weil sie selbst eine Auslegung sind… Aber gerade die vollendende Übersetzung von Worten Heraklits muss notwendig so dunkel bleiben wie das ursprüngliche Wort.«[31] Seine eigene Übersetzung des von ihm als dunkel – immer dunkler in zahllosen Wendungen – explizierten Spruchs lautet: »Das Aufgehen dem Sichverbergen schenkt's die Gunst.«[32] Um das verstehen, nachvollziehen zu können, müssen wir viele Seiten Heidegger gelesen haben. Aber: Je ferner eine Übersetzung vom Original erscheint, desto näher mag sie ihm sein.

---

28 Die Fragmente der Vorsokratiker, Bd. 1 (hrsg. von Hermann Diels und Walther Kranz), Hildesheim 2004 (unveränderte Neuauflage der 6. Auflage von 1951).

29 Heraklit: Fragmente, hrsg. und übersetzt von Bruno Snell, Düsseldorf [14]2007.

30 Martin Heidegger: Exposition des Wesenszusammenhanges von Aufgehen und Untergehen. Fragment 123, in: Heraklit (wie Anm. 14), 111–127, hier: 121.

31 Martin Heidegger: Der Anfang des anfänglich Zu-denkenden, in: Heraklit (wie Anm. 14), hier: 45.

32 Martin Heidegger: Exposition des Wesenszusammenhanges von Aufgehen und Untergehen. Fragment 123, in: Heraklit (wie Anm. 14), hier: 123.

Heidegger hat das Deutsche vergriechischt, Buber und Rosenzweig haben es hebraisiert. Das ist möglich auf Grund der Annahme, das ursprünglich Gemeinte und das Wie des Gesagten lasse sich über die Jahrhunderte hinweg rekonstruieren. Was so entstand, brachte zumindest etwas ans Licht, das wir so bisher noch nicht gesehen hatten: die Rätselhaftigkeit des schon in der Antike als dunkel, *skoteinos*, bezeichneten Heraklit, und, im Falle der Bibel, die Rückübersetzung eines kanonisierten, festgeschriebenen Textes in die Mündlichkeit, in die Vielstimmigkeit des Originals, indem der oft elliptische Satzbau nicht grammatisch begradigt, sondern in Atemeinheiten – *cola*, wie die Übersetzer das nannten – aufgelöst wurde, vom Festen der Schrift zum Flüssigen der Rede. Ob Geschichte sich dergestalt überspringen oder zumindest ausklammern lässt – wir haben ja bei der Bibel immerhin die Referenzgrößen Hieronymus, Luther und die *Authorized Version* –, bleibt freilich eine offene Frage.

Durch ihre Geschichtlichkeit wächst den Texten etwas zu, das mit ihnen unablöslich verbunden bleibt. Jede Epoche entdeckt an einem Text Schichten, die bisher nicht zu sehen waren. Auch deshalb übersetzt jede Epoche neu und anders, weil der Text im Spannungsfeld zwischen seinen Entstehungsbedingungen und denen des literarischen Feldes steht, in dem er jeweils neu gelesen wird. Ein *Ulysses*-Leser mit dem geschärften Blick für das geringste Detail wird in den Epen Homers sprachliche und erzähltechnische Verfahren entdecken, die man vor Joyce nicht sah. Solches verbleibt freilich auf der Ebene des überlieferten Textes. Anders bestellt ist es um das Weiterdenken eines Textes unter veränderten historischen Bedingungen. Auch von Hölderlins Sophokles wurde gesagt, er vergriechische das Deutsche durch

Überwörtlichkeit, durch die Abfolge der Wörter, durch sein feines Ohr für Akzent und Prosodie. Wenn Paul de Man sagt: »Bei Hölderlin *geschieht* Übersetzung«,[33] lässt sich das vorstellen als sein Hineinschlüpfen in den Text und unsere Teilnahme am Prozess des Übersetzens, den so-und-so gesetzten Zäsuren von Vers zu Vers. Doch selbst Hölderlin hat an einigen markanten Stellen in den Text eingegriffen, »gezwungen«, wie er sagt, »gegenwärtig zu scyn…«, »in einer Zeit, wo die ganze Gestalt der Dinge sich ändert, und die Natur und Nothwendigkeit, die immer bleibt, zu einer anderen Gestalt sich neigt…« Als Antigone sich anschickt, in das ihr bestimmte Verlies zu gehen, sagt der Chor, auch Danae habe im Kerker gelegen: »Im Dunkel lag sie / In der Todtenkammer, in Fesseln,« und bewahrte doch, jetzt wörtlich, »des Zeus Geschlechter, die goldentströmten.« Für ›Geschlecht‹, *goné*, kann man auch sagen ›Same‹, ›Frucht‹, und so übersetzt Schadewaldt:[34] »und verwahrte den Samen des Zeus den / Goldfließenden.« Hölderlin weiß durchaus, was die Stelle heißt, und sagt in seinen Anmerkungen einigermaßen wörtlich: »verwaltete dem Zeus das goldenströmende Werden«, aber er übersetzt: »Sie zählete dem Vater

---

33 Paul de Man: Schlußfolgerungen. Walter Benjamins »Die Aufgabe des Übersetzens«, in: Übersetzung und Dekonstruktion (hrsg. von Alfred Hirsch), Frankfurt am Main 1997, 182–228, hier: 225. – Vgl. Paul de Man: Hölderlin and the Romantic Tradition (1958), in: Romanticism and Contemporary Criticism. The Gauss Seminar and Other Papers (ed. E.S. Burt, Kevin Newmark and Andrzej Warminski), Baltimore-London 1993, 123–136. – Paul de Man: Wordsworth and Hölderlin (1966), translated by Timothy Bahti, in: The Rhetoric of Romanticism, New York 1984, 47–55.

34 Sophocles. Tragödien: Aias, Antigone, Trachinerinnen, König Ödipus, Elektra, Philoktetes, Ödipus auf Kolonos, hrsg. und mit einem Nachwort versehen von Wolfgang Schadewaldt, Zürich etc. 1968 (Die Bibliothek der Alten Welt. Griechische Reihe).

der Zeit / Die Stundenschläge, die goldnen.« Was hat nun das mit den Versen des Originals zu tun? Hölderlin begründet seine Wendung in den Anmerkungen: »Um es unserer Vorstellungsart mehr zu nähern. Im Bestimmteren oder Unbestimmteren muss wohl Zevs gesagt werden. *Im Ernste* lieber: Vater der Zeit oder: Vater der Erde, weil sein Karakter ist, der ewigen Tendenz entgegen, *das Streben aus dieser Welt in die andre* zu kehren *zu* einem *Streben aus einer andern Welt in diese.* Wir müssen die Mythe nemlich überall *beweisbarer* darstellen. Das goldenströmende Werden bedeutet wohl die Stralen des Lichts, die auch dem Zevs gehören, in sofern die Zeit, die bezeichnet wird, durch solche Stralen berechenbarer ist. Das ist sie aber immer, wenn die Zeit im Leiden gezählt wird, weil dann das Gemüth viel mehr dem Wandel der Zeit mitfühlend folgt, und so den einfachen Stundengang begreift, nicht aber der Verstand von Gegenwart auf die Zukunft schließt.«[35] Ist seine Wendung also Übersetzung, Kommentar, Paraphrase? Ich glaube, sie ist alles in einem, aber man müsste Heideggersche Holzwege gehen, um genau dahin zu führen. Ich beschränke mich auf das zu Übersetzende. Ich glaube, die Übersetzung ist von zwei Etymologien – der von Zeus und der von *goné* – und von dem Verb *tamieuein* her gedacht. Das Verb heißt nicht nur ›verwalten‹, ›verwahren‹, es heißt auch ›bestimmen‹, ›abmessen‹ und erweitert durchaus das, was in der Schatzkammer, dem *tamieion*, gemacht wird, das Zählen. *goné* kommt von *gignomai*, also ›werden‹, ›entstehen‹, auch gebraucht vom Verfließen der Tages- und Jahreszeiten, das heißt der Zeitfaktor ist im Verb mitgesetzt, nur ist

---

35 Friedrich Hölderlin: Sophokles (hrsg. von M. Franz, M. Knaupp und D. E. Sattler), Frankfurt 1988 (Sämtliche Werke 16), hier: 415–416.

das Verfließen zurückgebunden, aufgehalten (*tamieueske*): Danae zählt die Zeit, misst sie ab. Allvater Zeus, der Ewige, ist von Hölderlin als ›Vater der Zeit‹ gedacht – er *ist* es für die Schwangere, Zählende. Was in der Zeit steht, ist das Leben, das von ihr, der Zeit, gemessen, bemessen wird, im Werden und Vergehen. Leben wiederum steckt im Namen des Zeus. Heraklit schreibt: »Eins, das einzige Weise, lässt sich nicht und lässt sich doch mit dem Namen des Zeus (*onoma Zenos, des Lebens*) benennen.« (Bruno Snell)[36] Die Tiefenschichten der drei Wörter sind in Hölderlins ›vollendendem Wort‹ zusammengeschlossen: »Sie zählete dem Vater der Zeit / Die Stundenschläge, die goldnen.«

Wir sind bisher von Texten ausgegangen, als ob es sie gäbe. Aber als was gibt es sie, wenn nicht als konstituierte, als Verabredungen. Vieles in den Texten der hebräischen Bibel ist korrupt – abgerissene Sätze, offensichtliche Auslassungen, Buchstabensalat trotz Beiziehung angrenzender Dialekte. Was Gott mit Kain sprach, steht nicht da, es wurde aus der *Septuaginta* rückübersetzt, aber vielleicht stand da einmal etwas ganz anderes. Die Texte der Antike sind hin- und heremendiert, bei mehreren Textzeugen wurde ein einziger, wahrscheinlicher, herausdestilliert, der doppelte Hilferuf Daphnes zum Beispiel halbiert, aber man kennt natürlich auch die erbitterten Schlachten, die wegen Kommata oder einzelner Buchstaben geschlagen wurden. Niemand ist sich weniger grün als Editoren. Das hängt natürlich auch mit der Illusion zusammen, es könne den einen einzigen, den richtigen Text geben. Davon scheinen jedenfalls auch die Übersetzer auszugehen, aus deren Produkten kaum je

---

36 Heraklit: Fragmente (wie Anm. 29).

erkennbar ist, dass sie nicht auf festem Grund und Boden stehen. Man suche in den übersetzten Bibeln einmal nach unvollständigen Sätzen oder unsinnigen Wörtern. Krass ist der Fall auch bei Shakespeare, bei dem man hier einen vermeintlich überzähligen Versfuß gestrichen, dort einen fehlenden eingeflickt hat. Es gibt bei Shakespeare oft mehrere Texte – die guten und die schlechten Quartos, die Folios –, die jeweils alle zu einem einzigen Text zusammengebraut wurden, bis vor ein paar Jahrzehnten die Herausgeber der Oxford-Ausgabe[37] die These vertraten, es könnte sich um unterschiedliche Fassungen handeln, unterschiedliche Werkphasen, ausgelöst etwa durch Wiederaufnahme eines Stückes. Seitdem gibt es zwei *Lear*-Texte, von *Hamlet* könnte es drei geben. Ich will Ihnen nur ein einziges Beispiel geben. Als Othello endlich begreift, was er angerichtet hat, ruft er in der einen, kanonisch gewordenen Fassung in seiner Verzweiflung aus: »*O Desdemona, Desdemona dead.*« Ein glatter, elegischer Pentameter. In einer späteren Fassung – der Folio-Fassung immerhin – ruft er: »*Oh Desdemon! dead Desdemon: dead.*« Der letzte Laut des Namens, das unbetonte ›a‹, ist ersetzt durch das zweifache, akzentuierte ›dead‹, auch wird der Name jetzt anders betont. War sie sein Dämon – er nennt sie einmal »*Oh ill-starr'd wench*« –, der ihn zum Mord trieb? Durch den Akzentumschwung und die Ersetzung des Auslauts fällt jedenfalls, vom Ende her, ein ganz neues Licht auf die Figur, das Folgen für die Inszenierung von Anfang an haben könnte. Anders gesagt: Müsste nicht die zweite Version – gesetzt den

---

37 The Oxford Shakespeare, General Editor Stanley Wells, seit den 1970er Jahren. – Vgl. http://www.oup.com/us/catalog/general/series/TheOxfordShakespeare/ (10.05.2010).

Fall, sie ließe sich überhaupt ins Deutsche bringen – den Übersetzer veranlassen, die ganze Figur neu, das heißt gegen den Strich zu lesen, um ihrer – beim Lesen der oberen Schicht gewiss unvermuteten – Abgründigkeit auf die Spur zu kommen? Ein letztes Beispiel: Hölderlins späte Gedichte, die nur in Fassungen existieren. Was wir in den Ausgaben von Hellingrath[38] bis Beißner[39] lasen, waren Herausgeberentscheidungen, so-und-so begründbare Setzungen ohne festen Boden.

Diese Instabilität von Texten scheint mir – darum habe ich das erzählt – ein Paradigma des Übersetzens zu sein. Was da anscheinend so fest gefügt – *aere perennius* – auf der Seite steht, wird vom Übersetzer wieder aufgelöst, verflüssigt. Es ist eine Aus-ein-ander-Setzung im wörtlichen Sinn, im übertragenen auch ein Streit, eine Bestreitung, weil kein Wort ›das Gemeinte‹ genau erfasst – man denke an Hölderlins Fassungen –, enthält es doch so viele auch-mögliche oder mitverschwiegene Wörter. Hölderlin schreibt im *Antigone*-Kommentar: »Vater der Zeit oder: Vater der Erde.« In der Aus-ein-ander-Setzung horcht der Übersetzer hin – oder schlägt nach –, welchen Echoraum das Wort, der Vers, die Strophe öffnet. Das können Laute sein, Homographe (*nitor/nitor*), ähnliche Wörter, Korrespondenzen, Etymologien usw. Bei allem Erhorchten oder Gesehenen oder Nachgeschlagenen läuft mehr oder weniger die Frage nach der Übertragbarkeit mit, das heißt, der Übersetzer klebt nicht an

---

38 Friedrich Hölderlin: Sämtliche Werke. Historisch-kritische Ausgabe, begonnen durch Norbert von Hellingrath, fortgeführt durch Friedrich Seebass, Berlin 1913–1923.

39 Friedrich Hölderlin: Sämtliche Werke. Im Auftrag des Ministeriums für Wissenschaft und Kunst Baden-Württemberg hrsg. von Friedrich Beißner, Stuttgart 1948–1954.

der Wortwörtlichkeit – was könnte die überhaupt heißen, wenn es doch keine Wortgleichungen zwischen den Sprachen gibt? –, sondern er beginnt, sich einen eigenen Hallraum aufzubauen, notwendigerweise andere Resonanzböden einzuziehen. Wenn man sagt, beim Übersetzen von Lyrik gehe das Beste verloren, ›das Eigentliche‹ des Gedichteten – der Dante-Vers *»e caddi come corpo morto cadde«* (Divina Commedia, Inferno 5, 142) lässt sich außer in der Reduktion auf seine Lexik nicht übersetzen –, so kann man umgekehrt sagen, dass in der Übersetzung etwas *hinzukommt* – wenn nicht an dieser Stelle, dann an jener – durch die anders eingezogenen Resonanzböden. Die Übersetzung *ergänzt* das Original, indem sie ihm in der eigenen Sprache etwas hinzufügt, was es in ihr vorher nicht gab und was es in der Ausgangssprache so nicht geben konnte. Um nur drei hehre Beispiele zu nennen: Die Lutherbibel hat das Deutsche, das wir heute noch sprechen, mitgeschaffen. (Übrigens hat Luther das mittelhochdeutsche Wort ›verklaeren‹, das nichts weiter als ›hell werden‹ hieß, erstmals in der heutigen Bedeutung verstanden: »Jesus ward verklärt vor ihnen«; es ist die Übersetzung von *metamorphein*!). Wielands Prosa-Shakespeare, zweitens, gab den Stürmern und Drängern die Sprache an die Hand, und Voß erfand für Homer den deutschen Hexameter, schuf den quantitierenden Vers um in den akzentuierenden. Alle drei Großtaten wurden zu ihrer Zeit auf das heftigste bekämpft – das sei kein Deutsch und täte zweitens den Originalen Gewalt an. Der zweite Vorwurf besteht gewiss zu recht, besagt aber nur, dass die Übersetzungen andere Wege bahnen, oft bahnen müssen, als von den Vorlagen vorgesehen.

Übersetzungen sind immer un-angemessen. Denkwürdig aber sind diejenigen, die die eigene Unangemessenheit vorführen. Peter Waterhouse hat mit englischen und deutschsprachigen Freunden ein Gedicht von Andrea Zanzotto traktiert. Herausgekommen sind acht oder mehr Fassungen, deren jede eines eigenen Kommentars bedürfte.[40] Thema des Gedichts sind die Sprünge der Grashüpfer – »Salti saltabecchi«, was wörtlich ›Springmäuler‹ heißt und eine Unterart der Grashüpfer bezeichnet, für die wir kein Wort haben und das auch im Italienischen ungebräuchlich ist. Wenn ich Thema sagte, so ist das nicht ganz richtig, denn das Insekt wird nicht beschrieben, es wird in Verse übersetzt: »Salti saltabecchi«, »Hop grasshop« oder »you hop grasshop« oder »lupfst hupfst hop«. Der Titel des Gedichts lautet: »Oltranza Oltraggio«, und die letzte Zeile des Gedichts, durch eine Leerzeile abgesetzt vom Rest des Gedichts, lautet »L'oltraggio«, das Gedicht läuft also auf das hinaus, womit es anfing. ›oltraggio‹ heißt ›Schmähung‹, ›Beschimpfung‹, ›Verstoß‹, ›insult‹, ›outrage‹. Zanzotto hat aber angemerkt, dass er das Wort aus Dante genommen habe. Dante sagt angesichts der Gottesschau im *Paradiso* 33, 57: *»e cede la memoria a tanto oltraggio.«* (»Das Gedächtnis weicht dem Unerhörten«, so Gmelin,[41] »… es muß so vielem Übermaße weichen«, hatte Philaletes[42] übersetzt.)

---

40 Andrea Zanzotto: La Beltà/Pracht, hrsg. und übersetzt von Donatella Capaldi, Maria Fehringer, Ludwig Paulmichl und Peter Waterhouse, Basel-Weil am Rhein-Wien 2001, 7–14. – Siehe auch: Andrea Zanzotto: Four Poems, in: Modern Poetry in Translation, Third Series – Number Seven, Love and War (ed. David and Helen Constantine), University of East Anglia 2007, 118–127.
41 Dante Alighieri: Die Göttliche Komödie, übersetzt von Hermann Gmelin, mit Anmerkungen und einem Nachwort von Rudolf Baehr, Stuttgart 1987.
42 Dante Alighieri: Die göttliche Komödie. Aus dem Italienischen von Philaletes (König Johann von Sachsen). Mit zahlreichen Bildern von

Zwei Zeilen zuvor hatte es geheißen: »mein Schauen (war) viel größer / Als unsre Sprache, die ihm nicht gewachsen.« ›oltraggio‹ bedeutet also im alten Sinne ›über alles Maß hinausgehen‹, weil unsere Sprache (›il parlar nostro‹) dort nicht hinreicht, und zwar ›oltranza‹, ›aufs äußerste‹. Die Übersetzer folgen also nur der Anweisung des Titels, wenn sie un-angemessen übersetzen – Unangemessenheit als Form des diesem Gedicht einzig Angemessenen, wobei freilich auch die heutige Wortbedeutung – ›outrage‹, ›Schmähung‹, ›Verstoß‹, ›Beleidigung‹ – mitschwingt. Waterhouse übersetzt »Empor Empören« (beide Wörter hängen wortgeschichtlich zusammen) und »Out Outrage« und »Übertreibung Übersetzung«, also eine Über-Setzung, die auch die Zickzacksprünge des Grashüpfers als Bild für den Vorgang des Übersetzens versteht: »bist hinüber / im Weitsprung / gehupft / Die Übersetzung.« Im Englischen lassen sich wieder andere Assoziationen generieren: Ein Titel heißt »Insult Outsult«, was aus der Etymologie entwickelt ist: ›insult‹ von ›in-salire‹, ›in oder auf etwas springen‹, das in der Schlusszeile zu ›result‹ führt als dem Ergebnis des hier eben gelesenen, übersetzten Gedichts und etymologisch als ›re-sult‹, als Rücksprung in seinen Anfang. Jede dieser Übersetzungen öffnet also einen eigenen Echoraum in der eigenen Sprache. Durch ihren Rückgang, Rücksprung, ihr oder ihren ›re-sult‹ auf die Etymologie oder das in der Wortgeschichte Verschüttete ent-bergen sie etwas in den Wörtern, was an ihrer Oberfläche verborgen liegt. »Man muß die Tiefe verstecken«, schreibt Hof-

---

Gustave Doré. Mit einer Kleinen Abhandlung zum Lobe Dantes von Giovanni Boccaccio, Zürich ²1991.

mannsthal. »Wo? An der Oberfläche.«[43] Dort haben es die Übersetzer auf je eigene Weise sichtbar und hörbar gemacht, ›treu‹ wie wir mit Walter Benjamin sagen können, das heißt in einem strengen Sinne nicht frei, das heißt, ohne das Original aus den Augen zu verlieren. Paul de Man schrieb: »Übersetzung … lässt im Original eine Beweglichkeit, eine Instabilität erkennen, die man zunächst nicht bemerkte.«[44] Die Übersetzungen des Zanzotto-Gedichts haben diese Beweglichkeit erkannt – wer erkennt sie schon unter den einschüchternden Festgeschriebenheiten der Texte – und sich ihr gestellt. Sie haben eine »De-Kanonisierung, die bereits von Beginn an im Original« (und eben nicht nur in diesem einzelnen, besonderen) »vorhanden war«,[45] radikalisiert. Diese Übersetzungen – aber gewiss nicht nur diese, wie die verteufelten Glanzleistungen der Übersetzungsgeschichte zeigen – bürgen für eine Originalität gegenüber dem Original, eine Eigenständigkeit, sie haben, wenn sie konsequent sind, das heißt dem Doppelgesetz hinter zwei Sprachen in seine tiefsten Wurzeln oder in seine entferntesten Verästelungen folgen wie die alten Rabbinen, das, was Derrida die »Ursprünglichkeit oder Eigenständigkeit« der Übersetzung genannt hat.[46]

Wären die Übersetzungen allerdings nur Echo, so wären sie die *imago vocis* (Met. 3, 385), wie Ovid die in Nariß verliebte Nymphe nennt, Abbild von etwas, das sie

---

43 Hugo von Hofmannsthal: Buch der Freunde. Mit Quellennachweisen hrsg. von Ernst Zinn, Frankfurt am Main 1965 (Insel-Bücherei 796), 51.
44 Paul de Man: Schlußfolgerungen, in: Übersetzung und Dekonstruktion (wie Anm. 33), hier: 195.
45 ibid., hier: 197.
46 Jacques Derrida: Babylonische Türme. Wege, Umwege, Abwege, in: Übersetzung und Dekonstruktion (wie Anm. 33), 119–165, hier: 154.

selbst nicht sind, Hall einer Stimme, die nicht die ihre ist. Die ›wahren‹ Übersetzungen, zu denen man nur als zögerndes, als nach-denkliches Wesen gelangt, gleichen eher *Bottom's Dream*, der so heißt *»because it hath no bottom«*.

Weitere Hefte der Reihe »**Fakultätsvorträge der
Philologisch-Kulturwissenschaftlichen Fakultät
der Universität Wien**«:

Carl Djerassi:
**Nach 70 Jahren: Wiener Amerikaner oder
amerikanischer Wiener?**
Mit einem Vorwort von Prof. Dr. Horst Aspöck
(Heft 3)
2009, 39 Seiten, kartoniert
978-3-89971-707-5

Römer, F. (Hg.):
In Memoriam Wendelin Schmidt-Dengler
(Heft 2)
2008, 27 Seiten, kartoniert
978-3-89971-547-7

Kirby, W.:
Chinese, European, and American Universities
Challenges for the 21st Century
(Heft 1)
2008, 36 Seiten, kartoniert
978-3-89971-449-4

V&R unipress GmbH   Robert-Bosch-Breite 6   37079 Göttingen
Tel. (0551) 5084-304   Fax (0551) 5084-333   E-Mail: info@vr-unipress.de
www.vr-unipress.de